BOURGEOIS

ET

SOCIALISTES

PAR

JUSTIN DROMEL

1 franc.

PARIS

ARMAND LE CHEVALIER, ÉDITEUR

61, RUE DE RICHELIEU

—

1869

Tous droits réservés.

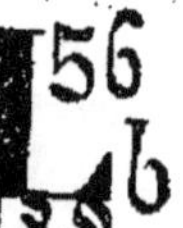

BOURGEOIS ET SOCIALISTES

Paris. — Impr. E. Voitelain et C°, rue J.-J.-Rousseau 64,

BOURGEOIS

ET

SOCIALISTES

PAR

JUSTIN DROMEL

PARIS

ARMAND LE CHEVALIER, ÉDITEUR

61, RUE DE RICHELIEU

1869

BOURGEOIS ET SOCIALISTES

LES HÉSITATIONS DU BON SENS PUBLIC.

Depuis une vingtaine d'années, la France nous fait assister à un étrange et triste spectacle ; on dirait les intermittences et les éclipses de la raison publique. En 1848, elle fait appel à la liberté, et elle ne sait pas s'en servir ; plus tard, elle réclame la compression, et elle ne sait pas s'y soumettre. Aujourd'hui la situation se complique : le pays semble vouloir tout à la fois la liberté et la compression, et ne paraît pas mieux disposé à supporter l'une que l'autre.

Cet état pathologique d'enfant capricieux et malade doit avoir sa cause, qu'il serait utile et intéressant de connaître.

Si l'on écoute ce qui se dit autour de nous, l'on entendra d'abord une plainte générale sur le manque d'hommes, sur le manque d'hommes nouveaux, venant apporter une idée nouvelle et capables de nous faire sortir de l'ornière fangeuse où nous nous débattons. Cette plainte est fondée, mais elle ne devrait pas être la seule.

On s'imagine trop aisément que les hommes nouveaux sont producteurs d'idées nouvelles, tandis que le contraire est bien plus vrai ; c'est surtout l'idée qui engendre les hommes, *verbum caro factum est.* Ayez une idée nette, précise, puissante, acceptée par tous, ne serait-elle même avouée que tacitement, et les hommes pour la formuler et la défendre ne vous feront pas défaut.

Alors vous ne verrez plus un grand pays prendre cette attitude d'enfant grincheux que rien ne peut satisfaire ; vous ne verrez plus le pays applaudir toutes les oppositions, même les moins franches et les moins motivées, dresser un piédestal à quiconque a eu l'habileté d'obtenir quelques mois de prison, et finir par voter, la tête basse, pour M. Pons-Peyruc ou le premier palefrenier de l'Empereur qu'on lui expédie.

Nous nous proposons d'examiner :

1º Cette cause toute matérielle, le manque d'hommes ;

2º Cette cause toute morale, l'absence d'une idée.

LE MANQUE D'HOMMES.

Il y a huit ans, j'ai essayé d'expliquer quelques-

unes des grandes lois qui président au développement progressif des peuples (1). L'une de ces lois,
que j'ai appelée *la Loi des Générations*, nous donne
le pourquoi de ces événements, de ces changements
de main qui se produisent périodiquement dans
notre histoire tous les quinze ou dix-huit ans et qui se
traduisent chez nous par les dates éloquentes de
1789, 1800, 1815, 1830 et 1848.

Je me rappelle encore l'épouvantement de M. Pau-
lin-Lymairac à l'aspect de cette théorie qui semblait
mettre les gouvernements en coupe réglée et leur
mesurer les jours qu'ils avaient à vivre ; je me rappelle surtout les refus qu'il opposa à l'insertion dans
son journal des annonces d'un livre aussi subversif.
Depuis lors, les idées ont marché : ce qui n'était
alors que l'imagination d'un rêveur, a été ensuite
accepté par tout le monde, et personne n'est plus
effrayé aujourd'hui par cette prévision d'un changement de main dans la direction politique, par cette
possibilité de l'avénement d'une génération nouvelle
qui voudra et qui devra suivre d'autres errements
que sa devancière. Non-seulement ce fait fatal et
inévitable n'est plus contesté par personne, mais il
est accepté, prévu par tous, attendu et désiré impa-
tiemment par plusieurs. M. Rouher lui-même, qui,
certes, ne passe ni pour un théoricien pur, ni pour
un utopiste, s'est vu forcé de rappeler à la majorité,
du haut de la tribune, que, en 1869, l'on aurait à

---

(1) *La Loi des Révolutions*, 1 vol. in-8°, par J. Dromel.

compter avec quatre millions d'électeurs nouveaux, qui, en 1851, n'existaient pas, politiquement parlant, et qui pourraient bien ne pas penser tout-à-fait comme leurs aînés.

M. Rouher aurait pu dire avec notre grand poëte :

> L'histoire m'apparut, et je compris la Loi
> Des générations, cherchant Dieu, portant l'arche,
> Et montant l'escalier immense, marche à marche.

Eh bien ! cette grande loi de la mécanique sociale a été violée en 1851, et c'est pour cela que notre fille est muette, c'est-à-dire que la génération actuelle se trouve si embarrassée pour trouver les hommes dont elle est sur le point d'avoir besoin.

*
* *

En 1848, les hommes du régime de Juillet durent se retirer et des hommes nouveaux prirent la direction politique. Dans le cours normal des choses, ces hommes auraient dû fournir une carrière de quinze ou dix-huit ans. Si les choses s'étaient passées régulièrement, ces nouveaux venus auraient eu ces quinze ou dix-huit ans pour expérimenter leurs systèmes, pour faire le bonheur du pays à leur manière, et, à la fin de ce délai, usés et fatigués du pouvoir, ils auraient fait place à d'autres qui seraient arrivés avec une provision d'idées toutes fraîches pour satisfaire aux exigences et aux besoins nouveaux qui se seraient manifestés.

Au lieu de cela, que s'est-il passé? Par incapacité,

— ce qui est toujours bientôt dit, — ou, ce qui est plus vrai, par l'insolubilité des problèmes qu'on leur avait donné à trancher, ces hommes de 1848 se sont bientôt vus contraints d'abandonner la partie, et le pays, n'ayant sous la main personne pour les remplacer, s'est volontairement placé sous séquestre, séquestre qui dure encore.

Aussi qu'arrive-t-il aujourd'hui ? — Le moment est venu où chacun pense que le séquestre national, volontairement consenti et constitué en 1851, doit au moins être élargi, que le système cellulaire établi à cette époque doit au moins se transformer en liberté provisoire et sur parole, pour arriver bientôt à la liberté complète, définitive, sans restrictions et sans épithètes. Pour inaugurer ce régime nouveau, et même pour ménager ce système de transition, chacun le sent, il faudrait des hommes nouveaux. Croyez-vous que ce soit avec nos honorables de ces quinze dernières années que vous pourrez décréter la liberté, dont le nom seul les fait trembler et divaguer ? Non; le pays est unanime sur ce point, et aussi cherche-t-il et voudrait-il trouver, en dehors de ces hommes ayant fini leur temps, les serviteurs nouveaux dont il a besoin pour une nouvelle tâche.

Et lorsqu'il entreprend cette recherche, qui trouve-t-il, ou plutôt qui retrouve-t-il? Va-t-il rencontrer des hommes nouveaux apportant une foi et une confiance nouvelles ? Non, il trouve en face de lui les épaves de 1846, de 1847 et de 1848.

Si les choses s'étaient régulièrement passées, si la loi des générations avait suivi son cours normal, ces hommes de 1848 auraient fourni leur carrière, ils auraient épuisé leurs idées, comme a pu le faire M. Guizot, par exemple, et il ne s'agirait pas plus d'eux aujourd'hui qu'il ne s'est agi, en 1848, de M. de Peyronnet ou de M. de Polignac. Au lieu de cela, ces hommes, que j'estime et dont j'apprécie le mérite, sont encore là dans la force de l'âge, dans toute la verdeur de leur talent, dans tout l'éclat de leur renommée; ils demandent à revenir sur la brèche, ils prétendent que l'expérience a été incomplète, que les fautes commises et les malheurs des temps ne sauraient leur être attribués, qu'ils sont sûrs cette fois du succès et que l'on n'a qu'à les laisser faire.

Le pays écoute avec admiration leurs harangues, dans lesquelles il retrouve un écho de ses pensées et de ses aspirations, mais il hésite à passer un second bail, à tenter une nouvelle aventure avec ces pilotes que la foudre a déjà marqués, et qui déjà une fois, n'ont pas su éviter les abîmes.

*
* *

Mais, dira-t-on, la France a 37 millions d'habitants, et vous ne nous ferez jamais accroire que, sur cette masse d'hommes, le pays ne puisse pas parvenir à mettre en ligne les quelques individualités d'élite dont il a besoin dans le cas présent.

Je ne demanderais pas mieux que le contraire me fût prouvé, — et j'attends les noms.

Cette pénurie incroyable et regrettable de jeunes

rejetons s'explique, selon nous, de plusieurs maniè-
res, ou, pour mieux dire, est la résultante de diverses
causes.

Tout d'abord, la seule présence des anciens a
privé d'air et de lumière les jeunes futaies qui auraient été tentées de s'élever. Prenons le barreau,
par exemple, cette pépinière habituelle de nos futurs
orateurs politiques, quelquefois de nos ministres
de l'avenir, quand il n'est pas le refuge de nos ministres déchus. Croyez-vous qu'il soit aisé de s'y faire
un nom, de s'y créer une spécialité politique, à côté
de Mes Sénard, Dufaure, Crémieux, Marie et Jules
Favre?

La même chose s'est nécessairement passée dans
toute autre catégorie de capacités, dans la presse,
dans la science, dans l'industrie, et l'on comprend
alors comment il se fait que si peu de noms nouveaux soient prêts à répondre aujourd'hui à l'appel
que le pays semble sur le point de leur adresser.

Ce n'est pas tout; il y a encore d'autres causes.

Le système de compression énergique appliqué
depuis dix-huit ans est peu favorable aux éclosions
nouvelles. Si la Terreur révolutionnaire se plaisait à
faire tomber les têtes illustres, le despotisme les em-
pêche de naître. Au lieu d'un assassinat, c'est un
avortement pratiqué en masse sur l'intelligence nationale. C'est triste.

Sous un régime personnel, il suffit d'un premier

ministre qui s'appellera Sully, Colbert, Richelieu, Mazarin, ou le cardinal Dubois. Napoléon Ier fut même assez grand pour pouvoir se passer de premier ministre ; il n'eut jamais que des commis.

Mais que devient une nation ainsi absorbée par un homme ? Dieu le sait, et nous aussi devons en savoir quelque chose. En tout cas, nous n'aurions qu'à nous reporter à l'époque funeste de 1815. Où donc étaient les hommes, où donc étaient les citoyens, parmi cette valetaille galonnée ?

Au point de vue dynastique même, l'on devrait s'apercevoir que cette stérilité, qui frappe les jeunes générations, constitue un danger.

Dès qu'une place devient vide dans le parterre administratif, un jardinier diligent, revêtu d'un habit de préfet, s'en va quérir dans une serre chaude quelconque, — caserne ou antichambre, — une plante bien apprise qui, si elle ne produit pas de fruit, du moins marquera l'alignement et ne gênera jamais par l'exubérance de sa végétation. Avec cela, on se dit au complet, le pays peut se croire représenté, et l'on marche, — l'on marche qui sait où ?

J'ai la ferme conviction de n'être jamais ni roi ni empereur, pas même en Araucanie ; mais si jamais je voulais fonder une dynastie, je crois que je m'y prendrais autrement.

*
* *

Enfin, et comme si ce n'eût pas été assez de tous ces empêchements apportés à l'éclosion des forces vives et jeunes de la nation, les partis dits avancés avaient jugé à propos d'inaugurer un système qui devait avoir précisément pour effet de retarder de plusieurs années au moins la reprise de la vie publique. Nous voulons parler de l'abstention systématique, qui n'est autre chose que l'abdication populaire, l'émigration à l'intérieur, la suspension de la vie politique. Ce système, ce parti pris du découragement et du désespoir, ont bien certainement retardé de plusieurs années les progrès que la France veut aujourd'hui reprendre dans la voie de la liberté. Dire aux électeurs, aux paysans, aux ouvriers, à la classe moyenne : « Abstenez-vous de voter, » c'était dire aux éligibles, aux hommes qui auraient été tentés de remuer à nouveau nos grands problèmes sociaux : « Abstenez-vous de lire, de penser, de vous instruire et de nous instruire, cela ne servirait à rien. » Et comme on ne fait jamais une chose qui ne doit pas avoir une utilité immédiate ou prochaine, ce dernier conseil a été suivi. Aussi que nous sert-on aujourd'hui en guise de nouveautés? Les résidus de 1848.

Il y a plus : faire ainsi le silence et le vide dans l'arène politique, c'était forcer toute intelligence vaillante et forte à donner un autre aliment à son activité; c'était répéter indirectement et sous une autre forme le fameux : « Enrichissez-vous, » de M. Guizot. C'est un bienfait de plus dont nous serons redevables à nos grands-prêtres et à nos pontifes de la démocratie.

⁂

Quoiqu'il en soit de toutes ces causes, ce n'est encore que le petit côté, le côté matériel de la question ; le vrai mal est ailleurs, et heureusement là, près du mal, nous trouverons le remède.

Lorsque le pays, se tournant vers les quatre points cardinaux de l'horizon, réclame des hommes nouveaux, ce n'est pas pour la vaine satisfaction de voir entrer en scène des figures nouvelles et des acteurs moins parfaits que les anciens, mais c'est qu'il espère que ces hommes nouveaux apporteront avec eux la parole et la foi nouvelles, qu'il sent s'agiter en lui, et qu'il est impuissant à produire au dehors.

Le pays se trompe : ce ne sont pas les hommes nouveaux qui lui apporteront l'idée nouvelle, c'est l'idée nouvelle qui fera surgir et qui lui amènera les hommes jeunes, valides et francs dont il a besoin et par lesquels il pourra se dire réellement représenté.

Que le peuple fasse donc un retour en lui-même ; qu'il se demande quel est son besoin vrai, son désir unanime et légitime. Tant qu'il continuera à tourner en un cercle sans fin comme un vieux cheval de manége, et à piétiner sur ces idées de 1848, qu'une génération a déjà foulées et réduites en poussière, il ne trouvera jamais devant lui que les hommes de cette époque ou leurs doublures. Mais qu'une idée vraiment politique vienne à poindre, qu'un rayon de soleil parvienne à percer les mensonges accumulés autour de nous et les nuages chargés de poudre qui nous enveloppent, et l'on verra que la France est encore une terre féconde.

En d'autres termes, sachons ce que nous voulons,

et surtout ce que nous devons vouloir, et les orateurs et les lutteurs ne nous feront pas défaut. Le fils de Crésus était muet; mais, pour sauver son père, il retrouva la parole, tant il savait ce qu'il avait à dire.

*
* *

L'ABSENCE D'UNE IDÉE.

L'absence d'une idée vraie provient presque toujours de la profusion des idées fausses, et si elle n'en résulte pas, elle y conduit.

Dire que notre époque manque d'une idée vraie et saisissante pour tous, équivaut à dire que nous sommes obstrués par une masse d'idées fausses qui nous barrent le chemin. Ce qui nous arrête et nous ferme la voie, c'est un immense anachronisme, c'est un énorme malentendu qui date de 1848.

Jusqu'à cette époque, la bourgeoisie et les classes ouvrières parisiennes avaient exercé comme une délégation et un sacerdoce politiques; elles représentaient, par la force des choses et de la centralisation, les mécontents, les déshérités et les affamés de la France entière; elles avaient pour mission de faire valoir les revendications de tous ceux qui souffraient ou avaient à se plaindre. Et, il faut le reconnaître, c'est grâce à elles, c'est grâce à l'initiative et au courage de la bourgeoisie et des classes ouvrières parisiennes réunies, que tout citoyen français a enfin acquis, le 24 février 1848, la plénitude de son droit politique et la possibilité de s'appliquer le fameux *civis romanus sum*.

Mais, à partir de ce moment, une funeste, une double ou triple erreur s'est produite dans l'esprit du peuple parisien, erreur dans laquelle nous serions impardonnables de retomber après les terribles leçons que nous avons reçues. Rendons à la bourgeoisie, que nous appellerons, nous, plus justement la classe moyenne, cette justice qu'elle a eu le bon sens de ne jamais participer à cette erreur, et, au contraire, le courage d'y résister énergiquement dans toutes les occasions.

En premier lieu, le peuple de Paris n'a pas compris que son triomphe politique, par cela même qu'il était complet et définitif, devait être une abdication; une victoire, lorsqu'elle est entière, doit toujours être suivie d'un désarmement. A quoi bon donner à la province, c'est-à-dire à la France entière, le suffrage universel et direct, le droit absolu de voter, si le peuple de Paris entendait garder par devers lui le droit exorbitant de réformer les volontés, de réviser et de casser, par l'émeute et la pression de la rue, les jugements de la France ?

En deuxième lieu, bien que la classe ouvrière de Paris fût jusqu'à un certain point fondée à prétendre que le triomphe politique ne devait pas être tout; que le droit politique et social une fois conquis, il restait à en faire l'application, à le convertir en avantages pratiques, matériels et tangibles; que le droit de voter sous-entendait forcément le droit de ne pas mourir de faim, ou tout au moins devait avoir ce résultat pour principal but ; bien que tout cela fût vrai et que nous l'admettions, la classe ouvrière de Paris eut le tort de ne pas comprendre que cette seconde partie de la tâche, purement économique et scientifique, ne pouvait plus s'opérer par les mêmes moyens violents et révolutionnaires.

Nous avons le droit politique absolu, nous pouvons faire tout ce qui sera jugé juste et profitable, c'est fort bien ; il ne nous reste plus qu'à étudier ce qui peut être juste et profitable ; croyez-vous que le meilleur moyen de mener à bien cette étude économique soit le tumulte de la rue, l'émeute et l'assaut du pouvoir ? Le peuple de Paris, après avoir été professeur de barricades, voulut se faire, de par l'émeute, professeur de science sociale ; il ne comprit pas ce qui avait pu autrefois être appelé le plus saint des devoirs, allait devenir, en face du suffrage universel et d'après la nature des questions à résoudre, le plus grand et le plus inutile des crimes.

Enfin, et en troisième lieu, le peuple de Paris ne sut pas lire dans sa propre histoire ; il ne s'aperçut pas que, si, avec le concours et l'union de la classe moyenne, il avait fait de grandes et nobles choses, la prise de la Bastille, 1789, 1830 et 1848, réduit à l'isolement et se mettant en hostilité contre cette même classe moyenne, il n'avait jamais abouti qu'à d'horribles boucheries, 1793 et plus tard le 23 juin, boucheries dont la dernière conséquence sera toujours le 18 brumaire ou le 2 décembre.

Le peuple de Paris ne comprit rien de tout cela, et c'est son erreur, son erreur seule, sous cette triple face, qui a tué la République.

Nous étions jeune, c'est vrai, mais nous nous souvenons des quelques jours d'espérances qui suivirent le 24 février. Oui, la République était née viable ; la province l'avait acclamée ; elle espérait en elle pour mettre un terme progressivement à toutes les souffrances imméritées ; la France se possédait et chacun se disait qu'il n'est rien d'impossible aux hommes de paix et de bonne volonté. Ce n'était pas trois mois de crédit et de patience que la France était disposée à s'accorder à elle-même ; c'était une patience à toute épreuve, une persistance inaltérable, un labeur incessant, une recherche infatigable que le pays allait mettre au service de ses propres intérêts. Confiance ! confiance ! s'écriait M. Émile de Girardin, et c'était bien le cri du moment, le besoin de la situation. Devant ce spectacle grandiose, les regrets des vaincus s'effaçaient, les peuples voisins nous enviaient notre sort ou s'efforçaient de nous imiter : la France allait ne plus former qu'une nation de frères.

Que l'illusion dura peu de temps !

Comme tous ceux qui ont régné, le peuple de Paris n'avait rien appris ni rien oublié. De plus, comme tous ceux qui ont régné et qui croient pouvoir régner encore, il avait ses flatteurs et ses parasites, — flatteurs et parasites que nous voyons encore pendus à ses trousses.

*
* *

L'antagonisme de Paris contre la province, c'est-à-dire contre la France entière ;

L'antagonisme de la masse prolétaire contre ce que l'on appelle la bourgeoisie et qui n'est autre chose que la classe moyenne ;

Enfin la prétention de résoudre par l'autorité de l'émeute les questions économiques qui ne peuvent se résoudre que par le travail et l'assentiment légal de toute la France ;

Voilà les trois grandes erreurs de 1848, la cause de toutes nos catastrophes depuis cette époque ; voilà les trois idées fausses qui empêchent de se produire l'idée vraie, l'idée qui ferait naître les hommes.

Diviser, c'est régner : cet axiome n'a pas cessé d'être d'une écrasante vérité. Oui, tant que vous laisserez une place à ces rivalités intérieures, vous n'aurez pas une nation, vous n'aurez qu'un champ de bataille, vous n'aurez que la guerre civile, et vous aboutirez forcément à l'état de siége, au despotisme militaire, à la dictature. De plus, les questions économiques et sociales qui nous restent à étudier ne se tranchent pas comme les questions politiques par des barricades et des coups de fusil ; tant que vous rêverez de résoudre les problèmes du travail et du crédit par des décrets autoritaires ou le tumulte de la rue, vous n'empêcherez jamais que tous ceux qui possèdent ou espèrent posséder, et nous verrons plus loin que c'est la grande masse en France, vous n'empêcherez pas, dis-je, que cette majorité alarmée ne crie au pillage et n'aille chercher la garde.

Tant qu'il en sera ainsi, nous ne ferons que passer de l'émeute à la compression, de l'anarchie au despotisme; des rhéteurs et des ambitieux oseront seuls réclamer une liberté que l'on sait n'être qu'un piége et un traquenard; les hommes honnêtes se tairont.

*\
* *

Je relève cette phrase caractéristique dans le manifeste des *Soixante*, en 1863 :

« Sans nous, disent-ils, la bourgeoisie ne peut rien asseoir de solide ; sans son concours notre émancipation peut être retardée longtemps encore. Unissons-nous donc pour un but commun, le triomphe de la vraie démocratie. »

Là est la vérité; c'est en entrant dans cette voie que nous renouerons la grande tradition, que nous retrouverons nos triomphes réels de 1789, de 1830, de 1848, que nous tournerons à tout jamais le dos aux saturnales de 93 et aux hécatombes de juin; car ce n'est qu'en entrant dans cette voie, avec fermeté et franchise, que le pays commencera à se sentir rassuré, à reprendre confiance.

Pour que cette alliance devienne possible, et qu'elle inspire confiance, il est indispensable qu'il demeure bien démontré qu'elle repose non pas sur un compromis que l'on déchire le lendemain, mais sur une nécessité inéluctable et le fond même des choses.

Si cette alliance ne devait être ou paraître qu'un

acte de faiblesse de la part de la bourgeoisie et un acte de générosité ou de duperie de la part de la classe ouvrière, il n'y aurait rien de fait, et, avant huit jours, nous serions encore, en face les uns des autres, les armes à la main.

Il convient donc de proclamer hautement et le plus tôt possible les points sur lesquels nous sommes d'accord; il convient surtout de démontrer que cet accord n'est pas factice, mais qu'il nous est, au contraire, imposé par la force des choses.

Si le droit de réunion nous avait été franchement et pleinement concédé, ces questions politiques, toutes d'actualité, d'une solution relativement facile, et sur lesquelles la conciliation est non-seulement possible parce que chacun sait ce qu'il veut, mais encore forcée parce que chacun sait ce qu'il n'a pas le droit de vouloir; ces questions, dis-je, auraient pu être utilement débattues au grand jour. L'on aurait été étonné de voir l'apaisement qui s'est fait dans les esprits, le respect du droit et le sentiment de justice qui les dominent.

On a préféré parquer le droit de réunion sur ce terrain scabreux et si mal exploré des questions économiques où les plus grandes absurdités ont chance de prévaloir; au lieu de mettre des citoyens face à face, on a mieux aimé remettre en présence les ennemis imaginaires d'autrefois, faire revivre ces appellations oubliées de bourgeois et de prolétaires, de spoliateurs et de spoliés. Au lieu d'un gage de paix, c'est la pomme de discorde que l'on nous a jetée, en prévision probablement des élections de 1869.

Eh bien! ce que le droit de réunion ne peut entreprendre, la presse doit le tenter; et de cette étude il doit nécessairement ressortir, selon nous, — ou la possibilité de cette alliance franche et loyale que les *soixante* demandaient en 1863, — ou la certitude pour la classe moyenne et bourgeoise que, en dehors d'elle, rien n'est possible et qu'elle sera maîtresse quand elle le voudra.

** **

LES TROIS ERREURS DE 1848.

L'émeute est-elle encore possible?

L'avénement d'un nouvelle génération et d'un régime nouveau doit-il encore s'inaugurer par un coup de pistolet, tiré sur le boulevard des Capucines, comme en 1848, ou aux environs du cimetière Montmartre, comme paraissait le redouter M. Pinard?

Enfin le peuple de Paris est-il encore destiné à servir de chef de file et à prendre la tête du mouvement?

A vrai dire, cette question de forme a été résolue depuis longtemps; elle n'existe plus.

Au début, le peuple de Paris a pu se méprendre; il n'a pas aperçu la force matérielle que le suffrage universel sous-entend; mais à partir de juin 1848, à partir du jour où le populaire parisien a vu que la province prenait son droit au sérieux; que, non contente de voter, elle se lèverait au besoin en masse pour venir faire respecter son vote et son droit; à partir de ce moment, le peuple de Paris a compris qu'il devait renoncer à s'ériger en cour de cassation suprême des arrêts rendus par la France entière, par la voix du suffrage universel. Et, disons-le à sa louange, depuis cette époque, la réflexion n'a fait que le confirmer dans cette sage abdication.

D'ailleurs, un grand changement s'est produit dans la classe ouvrière de Paris; elle n'est plus ce qu'elle était autrefois; la classe indigène et autochtone des ouvriers parisiens purs n'existe plus, à proprement parler. Si cette classe avait ses défauts, comme nous les avons tous, elle avait aussi de brillantes et solides qualités, une intelligence rapide, un sentiment politique des plus fins, une grandeur de vues indéniable, une habileté et une souplesse d'esprit qui lui faisait tout saisir et qui la rendait apte à tout. Les transformations de l'industrie, les progrès mécaniques, les démolitions de Paris, et par dessus tout les facilités de communication créées par les chemins de fer, en ont fait une classe en majeure partie nomade, en tout cas sans grande cohésion, où l'on aurait beaucoup de peine à retrouver les côtés brillants d'autrefois.

Tous les jours, nous entendons nos journaux officieux porter à l'avoir de l'Empire cette absence d'émeute depuis 1852; ils sont dans leur rôle; mais nous croyons que les deux causes que nous venons d'indiquer, le respect du suffrage universel, le sentiment de la force matérielle énorme qu'il sous-entend et la transformation subie par la classe ouvrière parisienne, ont plus contribué à cette tranquillité que la crainte d'une répression énergique et prompte.

Ce n'est pas à cause de vos grandes voies stratégiques, de vos casernes monumentales et de vos chassepots merveilleux, que l'émeute est devenue impossible ; c'est parce que personne n'y songe plus, parce que personne n'en veut plus et n'a plus le droit d'en vouloir.

Je me trompe, il n'en est plus qu'une, mais il en est encore une de possible, ce serait celle qui se lèverait contre un pouvoir qui résisterait aux injonctions formelles du suffrage universel. Mais celle-là ne serait plus l'émeute de Paris, ce serait l'émeute de la France, et jamais personne, nous l'espérons bien, ne s'y exposera.

*
* *

La seconde des erreurs de 1848 ne nous paraît pas beaucoup plus à redouter.

L'antagonisme que l'on avait réussi à créer entre la classe ouvrière et la classe moyenne ou bourgeoise a fait place à un sentiment plus vrai sur la situation des choses ; le manifeste des *soixante* de 1863 en fait foi. Depuis cette époque, l'esprit de conciliation et de paix a fait encore de nouveaux progrès, et à l'heure qu'il est, tout ce qui est intelligent parmi les ouvriers cherche son salut ailleurs que dans cette rivalité factice et mensongère.

Que quelques retardataires, que quelques cerveaux

détraqués de nos réunions publiques essaient de faire remonter sur les tréteaux cette farce tombée à plat et depuis longtemps démodée, cela a peu d'importance; s'ils s'avisaient de descendre dans la rue, le peuple, le véritable peuple regarderait passer leur mascarade comme il regarde passer le char triomphal du bœuf gras.

Ce qui nous paraît plus grave et plus inquiétant, c'est lorsque nous retrouvons ailleurs ces lignes de démarcation tracées entre les diverses classes de citoyens. Ainsi, dans le premier numéro du journal *le Peuple*, il est dit : « La *masse* sait très-bien que le gouvernement exclusif d'une assemblée assurera l'*omnipotence de la bourgeoisie*. »

Vous l'entendez; l'*omnipotence de la bourgeoisie*, cela dit tout, et la *masse* le sait. Le bourgeois qui *se nourrit de la sueur du peuple* vient d'être ressuscité, et c'est le journal *le Peuple* qui l'a retrouvé.— Donc, pas de responsabilité ministérielle, pas de parlementarisme! etc., etc.

Si la bourgeoisie est si redoutable, je trouve le gouvernement impérial bien imprudent d'avoir précisément peuplé de *bourgeois* le Corps législatif, qui est certainement le rouage le plus puissant de l'État, car il est plus puissant que l'Empereur, à qui il peut dicter des ordres et de qui il ne peut pas en recevoir. Avec les candidatures officielles et la manière de s'en servir que l'on connaît, il était tout aussi aisé de prendre nos législateurs dans la *masse?* Pourquoi ne l'a-t-on pas fait? Pourquoi remettre tous les pouvoirs entre les mains de cette bourgoisie qui ne tend, dites-vous, qu'à devenir omnipotente? Surtout, ne prétextez pas le défaut d'instruction : dans cette *masse*, vous trouveriez bien des ouvriers, et même de simples cultivateurs qui parleraient, — mieux? je ne puis le dire, — mais, à coup sûr, plus souvent que la plupart de vos chambellans muets.

Et d'abord, il faudrait nous dire en quoi consiste la bourgeoisie dans un pays comme la France et avec le suffrage universel. — Si la bourgeoisie n'est qu'une oligarchie restreinte de quelques grands propriétaires et de quelques grands industriels, nous allons vous montrer tout à l'heure à quoi elle se réduit numériquement, et combien elle est peu redoutable vis-à-vis des grandes masses du suffrage universel. — Si, au contraire, vous entendez par bourgeoisie tout ceux qui possèdent quelque chose, oh ! alors, j'en conviens, la bourgeoisie est une puissance, mais alors, aussi, convenez-en, la bourgeoisie est la *masse*, la grande masse, car elle est la France même.

*
* *

La France compte 37 millions d'habitants. La moyenne des ménages ou feux est d'un peu moins de quatre personnes par ménages, ce qui donne plus de neuf millions de ménages ou feux pour la totalité du pays. Savez-vous combien nous avons de cotes foncières?

Nous en avions :

En 1835. . . . . , .   10,893,528
1842.   11,511,841

1858.	13,118,723
1865	14,027,996

Certes, cela ne veut pas dire que nous ayons en ce moment 14 millions de propriétaires fonciers ; ce serait trop beau. Il arrive souvent que le même individu possède plusieurs morceaux de terre, et est, par conséquent, inscrit plusieurs fois aux registres de la propriété foncière. Mais le calcul a été fait; le rapport des propriétaires au nombre des cotes est connu ; il est de 63 p. 100, ce qui donne environ 9 millions de propriétaires fonciers, urbains ou ruraux, c'est-à-dire, autant que de ménages.

Cela ne signifie pas encore que chaque ménage comptera un propriétaire, qui serait alors probablement le chef de famille, ce qui reviendrait à dire que tout le monde, en France, directement ou indirectement, par lui ou par son père ou sa mère, participe à la propriété foncière. Non; il y a des ménages qui renferment plusieurs propriétaires fonciers, et d'autres malheureusement qui n'en renferment aucun.

Mais aussi la propriété foncière n'est pas tout. Pour ne parler que de la rente sur l'État, voulez-vous savoir combien il y a de parties prenantes, d'individus inscrits au Grand-Livre ?

Il y en avait :

En 1863	968,502
1864	967,998
1865	1,165,531
1866	1,085,195
1867	1,095,683

Il y a, en outre, tous ceux qui, ne possédant ni terres, ni rentes sur l'État, n'en possèdent pas moins un fonds d'industrie ou de commerce, auquel ils tiennent autant que le paysan à sa terre.

Je vous fais grâce des actions et obligations de chemins de fer, ainsi que des livrets de nos caisses d'épargnes ; ce sera, si vous voulez, pour représenter le lot et les économies momentanées de la gent domestique et de la gent salariée de toute espèce.

Toujours est-il que, de tous les calculs qui ont été faits, il ressort ceci : que, sur 9 millions de ménages ou feux, 1 million tout au plus de ménages sont absolument dénués de propriété foncière, mobilière ou industrielle.

Sans doute, c'est encore trop ; mais voyez la progression : en trente ans, de 1835 à 1865, le nombre des cotes foncières s'est élevé de 10 millions à 14 millions de cotes. Au train dont vont les choses, il est aisé de prévoir que nous n'attendrons pas trente ans pour avoir 4 millions de cotes foncières de plus. Allons, allons, c'est un rude socialiste que notre Code civil, et il fait bien sa besogne.

Dans cette *masse* de propriétaires fonciers ou autres, voulez-vous me dire où se trouve la bourgeoisie, où elle commence, où elle finit ?

*_**

Pour l'année 1865, je n'ai pas le détail des chiffres, mais en 1858, le total des cotes foncières inscrites se répartissait comme suit :

Cotes au-dessous de		5 fr. . . .	6,686,948
—	—	de 5 à 10 .	2,015,373
—	—	de 10 à 20 .	1,744,436
—	—	de 20 à 30 .	821,852
—	—	de 30 à 50 .	758,876
—	—	de 50 à 100 .	609,562
—	—	de 100 à 300 .	368,631
—	—	de 300 à 500 .	59,842
—	—	de 500 à 1000 .	37,333
—	—	de 1000 et au-dessus	15,870
		Total.	13,118,723

Parmi ces propriétaires payant de 5 fr. à 1,000 fr. d'impôt foncier, peut-on nous dire à quel chiffre commencera la bourgeoisie?

***

Passons en revue les deux branches les plus importantes de l'activité nationale, l'agriculture et l'industrie, qui représentent à elles seules 31 millions sur 37 millions d'habitants.

L'agriculture nous offre :

Propriétaires dé tout ordre.	3,799,759
Cultivateurs non propriétaires. . . .	1,457,314
Total. . .	5,257,073

Soit 5,257,073 chefs de famille vivant et faisant vivre leur famille par l'agriculture.

Voyons d'abord comment se divisent les propriétaires agricoles :

Propriétaires ne travaillant pas la terre et la faisant cultiver par un régisseur ou un maître-valet. 57,639

Propriétaires - agriculteurs travaillant pour leur compte, mais rien que pour leur compte et sur leurs terres. 1,754,934

Propriétaires - agriculteurs ne pouvant s'occuper toute l'année sur leurs terres et obligés de travailler en partie pour autrui,

Soit comme fermiers. . . 648,836
Soit comme métayers et colons. . . . . 203,860 } 1,987,186
Soit comme journaliers . . 1,134,490

Total des propriétaires de tout ordre. 3,799,759

Il nous reste à éplucher les moyens d'existence des 1,457,314 chefs de famille non propriétaires.

Ces agriculteurs, non propriétaires, se divisent comme suit :

Fermiers. 386,533
Métayers et colons. 201,527
Journaliers. 869,254

Total. 1,457,314

Ces fermiers, ces métayers et colons, qui quelquefois se font aider par des salariés, les compterez-vous comme des bourgeois ou des non bourgeois?

Maintenant, dans ce dernier chiffre de 869,254, prennent place un grand nombre de fils de propriétaires-agriculteurs, mariés et établis à part, car on se marie de bonne heure à la campagne. Seront-ils

des bourgeois, ces propriétaires en espérance, journaliers en attendant, aussi décidés à se faire tuer
pour le pouce de terre qu'ils ont en perspective que
leurs grands parents le sont pour le pouce de terre
qu'ils ont su conquérir depuis 89 ?

Et ces 7 ou 800,000 retardataires, ces 7 ou 800,000
salariés agricoles, qui n'ont pas encore épousé la
terre, mais qui en sont les fiancés, qui la convoitent,
qui sont les jaloux, mais non les adversaires de la
propriété telle qu'elle est organisée chez nous, les
prenez-vous pour de bien grands ennemis du régime
bourgeois, du Code civil qui nous régit?

Passons à l'industrie, en abrégeant les chiffres.

****

L'industrie proprement dite fait vivre
5,524,880 individus mâles, savoir :

Patrons, chefs de famille, enfants et parents vivant avec eux. 2,949,581

Domestiques, palefreniers, cochers, por-
tiers demeurant avec le maître. 138,234

Ingénieurs, directeurs, chefs de travaux,
employés de tout grade, enfants et parents
vivant avec eux. 98,070

Domestiques de ces divers employés. . . 7,873

Ouvriers, chefs de famille, enfants et parents vivant avec eux. 2,331,122

Total. . . 5,524,880

Ne retenons que les patrons et les ouvriers proprement dits, et défalquons les enfants mineurs, qui,

politiquement, n'existent pas. Dans une population donnée, ces enfants mineurs figurent pour 38 0/0. Nous aurons donc une population industrielle majeure de :

PATRONS et parents majeurs vivant avec eux. 1,828,741
OUVRIERS et parents majeurs vivant avec eux. 1,445,296

Au premier abord, on s'étonnera de voir les patrons plus nombreux que les ouvriers. Quelle est cette armée industrielle, dira-t-on, où les officiers sont plus nombreux que les soldats? Ce fait a pourtant son explication bien naturelle. La statistique compte avec raison comme patrons et chefs d'industrie cette grande masse de petits industriels, travaillant par eux-mêmes et les leurs, ne faisant appel à un auxiliaire étranger salarié que dans des cas tout à fait exceptionnels. Déjà nous pouvons voir par leur nombre que, pas plus que l'agriculture, l'industrie française n'est organisée d'une façon bien aristocratique ni bien féodale.

Essayons maintenant de combler une lacune de la statistique officielle.

Il est des patrons qui occupent plus de mille ouvriers, mais le nombre en est rare ; au contraire, il en est un très-grand nombre qui n'en occupent qu'un seul. Prenons une moyenne de cinq ouvriers par patron : quiconque emploiera dans ses ateliers de un à mille ouvriers, et en moyenne cinq, sera rangé par nous dans la grande et moyenne industrie ; les autres patrons, n'employant pas d'ouvriers et travaillant par eux-mêmes ou les leurs, formeront la petite industrie. Nous aurons donc :

GRANDE ET MOYENNE INDUSTRIE. Patrons, chefs de famille et leurs parents majeurs vivant avec eux.   289,059

PETITE INDUSTRIE. Patrons, chefs de famille et leurs parents majeurs vivant avec eux.   1,539,682

SALARIAT. Ouvriers, chefs de famille et leurs parents majeurs vivant avec eux.   .   1,445,296

Eh bien ! en face de ces chiffres, nous demanderons de nouveau au journal *le Peuple* où il place la bourgeoisie? Ce million et demi de petits industriels, maniant eux-mêmes la lime et le marteau, font-ils partie ou non de cette bourgeoisie qui menace de devenir, dites-vous, omnipotente?

Les 57,639 propriétaires, que nous avons vus plus haut vivant de la terre qu'ils font remuer par d'autres, et ces 289,059 grands ou moyens industriels, ayant, la plupart du temps, eux ou leurs pères, commencé par être ouvriers, est-ce là toute la bourgeoisie qui vous fait peur? Resserrons notre dilemme.

Ou bien la bourgeoisie ne comprend que ces gros portionnaires, à peu près 300,000 individus contre 8 millions, et alors, bien loin de nous menacer de son omnipotence, elle est, par la force du nombre, à la merci absolue du suffrage universel, c'est-à-dire des petits propriétaires et des non propriétaires;

Ou bien la bourgeoisie comprend tous les propriétaires, petits et gros, fonciers, mobiliers et indus-

triels, et alors c'est les neuf dixièmes de la France,
et bientôt, nous l'espérons, le pays tout entier.

Mais alors aussi nous sommes fondé à vous dire
que l'omnipotence que vous redoutez, ce n'est pas
celle de la bourgeoisie petite ou grande, mais l'omnipotence de la *masse*, celle de la France.

** * **

Il nous faut cependant une définition exacte de
ces mots de *bourgeois* et de *bourgeoisie* qu'il est re-
devenu à la mode de jeter à la tête des gens, et qui
semblent dispenser ceux qui les emploient de tout
argument sérieux. Nous irons la demander à quelques-uns de nos fougueux orateurs des réunions
publiques.

Là, tout est clair et précis. Là, la bourgeoisie ne
consiste pas dans la richesse que l'on possède, dans
le cens que l'on paie, dans la profession que l'on
exerce; elle consiste uniquement dans l'opinion que
l'on se fait de la cité future et dans le choix des
moyens que l'on adopte pour la réaliser. Un ouvrier,
travaillant douze heures par jour, peut n'être parfois qu'un atroce bourgeois. Quiconque n'accepte
pas les yeux fermés les panacées saugrenues que
débitent les loustics de l'endroit; à défaut, quiconque
n'a pas dans sa poche son petit système tout prêt,
communiste, mutuelliste ou autre; quiconque n'est
pas prêt à démolir l'ancienne société, sauf à voir
ensuite ce que l'on mettra à la place; enfin, quiconque est simplement indifférent, — est un bourgeois.

Et maintenant si, non content d'être un bourgeois, vous avez de plus le courage de l'avouer, soit à la tribune, soit la plume à la main, et d'en déduire les raisons, vous cessez d'être un simple bourgeois; vous montez en grade, vous devenez un économiste, c'est-à-dire tout ce qu'il y a de plus bête et de plus odieux.

Eh bien ! n'en déplaise au journal *le Peuple*, cette définition est la bonne.

Aujourd'hui, avec le suffrage universel, avec l'organisation de la propriété et de l'industrie que nous connaissons,—ou le mot *bourgeois* a bien réellement cette signification — ou il n'en a aucune.

Par contre, quiconque n'est pas un bourgeois, — conservateur ou indifférent, — est par cela même un socialiste, c'est-à-dire un grand homme, ayant pour mission de faire, en dépit de tous et suivant son seul caprice, le bonheur de la France et de mille autres lieux.

Comment parviendrons-nous à faire le dénombrement de ces deux partis opposés, — bourgeois et socialistes ?

Si le système du collège unique, proposé par M. Émile de Girardin, pouvait être appliqué, ne fût-ce qu'une fois tous les dix ans, pour permettre aux partis de se compter, bien des transes nous seraient désormais épargnées. Nous saurions au juste non-seulement combien de personnes attendent encore ou désirent la rentrée de M. le comte de Chambord, mais nous saurions aussi combien d'autrès désirent l'abolition de la propriété et des lois qui la maintiennent.

Puisque cette facilité ne nous est pas donnée, nous essaierons d'un moyen détourné, mais presque aussi certain.

***

Les hommes ont toujours, ou presque toujours, l'opinion que leur dicte leur intérêt bien ou mal entendu; ce n'est pas très-flatteur ni très-sentimental, mais c'est ainsi.

D'après cette règle, et en nous reportant aux chiffres qui précèdent, relatifs à l'agriculture et à l'industrie, il nous sera aisé de voir dans quelle proportion le *bourgeoisisme* et le *socialisme* vont se partager cette masse de citoyens.

L'agriculture ne donnera au socialisme, chacun le sait, que de rares recrues. Sur 5 millions d'agriculteurs, nous comptons près de 4 millions de propriétaires fonciers; or, celui qui a usé sa vie pour posséder un lopin de terre et qui y est parvenu, ne rêve guère l'abolition ni même la transformation de la propriété.

Nous avons ensuite près de 600,000 fermiers, métayers ou colons; ils ne sont pas encore propriétaires, c'est vrai, mais ils savent qu'ils le deviendront; ce sont les apprentis et les stagiaires de la propriété; passons, le socialisme n'a rien à faire là.

Restent environ 800,000 journaliers agricoles; sur ce nombre, je vous concède 50,000 socialistes, répétant ce qu'ils ont entendu dans quelques cabarets du village, — et je fais largement les choses.

L'agriculture nous fournira donc, à peu de chose près, autant de socialistes que de grands propriétaires, vivant oisivement du produit de leurs domaines. Serait-ce un simple effet du hasard? Qui sait? mais ce n'est pas ici le moment d'entamer cette question.

** **

Dans l'industrie, nous avons d'abord les 289,509 patrons de la grande et moyenne industrie. Vous trouverez parmi eux, en grand nombre, des hommes éclairés, sympathiques et ardents à toutes les améliorations pratiques, à tous les progrès possibles, à toutes les libertés, mais peu, très-peu de révolutionnaires purs, et encore moins de socialistes déterminés. Chacun sait ça.

Viennent ensuite les 1,539,682 patrons (chefs de famille et parents) de la petite industrie. Dans cette classe la souffrance, la gêne et l'irritation seront parfois plus grandes, mais cette irritation se tournera plutôt vers les réformes politiques, que vers les rêveries sociales. Du reste, cette irritation aura à faire face de deux côtés à la fois : d'une part, irritation contre la grande industrie, sa rivale; d'autre part, irritation contre les exigences toujours croissantes de la classe ouvrière, don elle voudra bien, mais dont elle ne peut presque pas employer les services à cause du haut prix des salaires. Cette position ambigüe et intermédiaire, qui l'expose aux froissements les plus opposés, en fait aussi la classe des mécontents et des frondeurs de tous les régimes ; ce sont eux qui veulent que le blé se vende cher et le pain bon marché ; et inversement, s'ils sont boulangers ; c'est la garde nationale de nos grandes villes, la garde nationale de 1830 et de 1848, qui a un sabre pour protéger nos institutions et au besoin pour les renverser. Mais, au fond, le sentiment de l'ordre, le sentiment de la stabilité unie au progrès, domine dans cette classe : si elle désire dés améliorations politiques et même économiques, elle sait aussi qu'elle a besoin de la tranquillité de la rue pour payer ses billets de la fin du mois ; si elle connaît les misères du travailleur, parce qu'elle les partage et les endure tous les jours, elle est aussi assez éclairée, assez intelligente pour comprendre que le remède n'est pas dans la voie qu'on lui indique. Évidemment, ce n'est pas là que le socialisme fera ses frais. Néanmoins, pour faire la part de tout, de l'entraînement, de la bêtise, et surtout du désir de se *poser* en grand homme et en citoyen de l'avenir, nous admettrons que le socialisme recueillera encore là environ 50,000 adeptes. Mais, au jour du danger, et après le premier coup de feu, le socialisme fera bien de regarder de quel côté sont passés ces soldats dépaysés : il les retrouvera presque tous en face de lui.

Il ne reste plus que le million et demi de la classe salariée. La prétention du socialisme ne va à rien moins qu'à affirmer que cette classe lui appartient tout entière, et sa tactique consiste d'abord à se le persuader, ensuite à tâcher de nous le faire accroire. Nous est avis qu'il faudra en rabattre.

Soit parce que les circonstances l'ont constamment tenu en dehors des grands centres de l'agitation socialiste, soit, si l'on veut, parce que son intelligence bornée n'a pas su mordre à la science nouvelle, un tiers au moins de ce million et demi est demeuré complétement étranger aux divagations des écoles réformatrices. Nous n'avons donc plus à nous occu_ per que d'un million d'ouvriers ayant pris part, plus ou moins activement, aux débats sur les questions sociales du moment.

Personne ne nous contredira, si nous venons à dire qu'un tiers au moins de ce million restant est aujourd'hui profondément désabusé, : il a vu les désordres de 1848 et à quoi ils ont abouti ; il a eu le temps de repasser dans son esprit les folles théories qui devaient, lui disait-on, le mener à la richesse et à la liberté, et il en a sondé le vide. De plus, il a vu les utopies se succéder, les systèmes remplacer les systèmes et être soumis aux mobilités de la mode, comme la forme des chapeaux et des pantalons ; le socialisme actuel n'est plus le socialisme d'il y a vingt ans ; ce qui alors était trouvé parfait a depuis été déclaré exécrable ; — devant cette versatilité, devant cette inconsistance de ses prétendus savants, cette portion saine et intelligente de la classe ouvrière s'est demandé ce qui serait advenu si la société avait consenti à se laisser exécuter, si l'on avait réussi à la démolir pour la reconstruire d'après les fameux plans que l'on avait en poche. Il est évident qu'il faudrait recommencer la besogne.

Fermement convaincue qu'il y a quelque chose à faire et qu'elle a quelque chose à attendre, cette fraction du peuple ouvrier est aussi convaincue que la science de ses prédicateurs est grandement en retard; et elle attend, l'œil ouvert, mais avec patience et courage. Ces hommes ne sont pas des socialistes; s'ils allaient parler, comme ils pensent, dans certaines de nos réunions publiques, ils y seraient mis à l'index et traités de bourgeois, si ce n'est pis.

Le véritable parti socialiste ne se compose réellement que des 5 ou 600 mille hommes dont il nous reste à dire un mot. Ici encore, il y a des distinctions à établir.

La plus grande moitié et probablement bien près des quatre cinquièmes de ce nombre restant, appartiennent à la grande école proudhonienne, qui aujourd'hui s'appelle l'école *mutuelliste*. Cette école a suivi le maître dans tous les méandres de sa pensée, et, à l'heure qu'il est, elle en est arrivée à renfermer tous ses vœux dans une formule libérale que ceux-là seuls condamnent qui ne la connaissent pas et dont ceux-là seuls font tout dépendre qui la connaissent mal. La société, et en particulier la société éminemment bourgeoise de notre époque ne rendra jamais une justice assez complète à Proudhon, notre grand maître à tous, ce superbe et intraitable conservateur, dont la dure parole a fait trembler les bourgeois, et qui cependant, seul, allant chercher le monstre du socialisme jusque dans sa tanière, l'a muselé, l'a

dompté, l'a charmé et l'a amené, en fin de compte,
au point de civilisation et de raison où nous le trouvons aujourd'hui.

Je me propose, dans une autre occasion, d'étudier
le détail de cette doctrine; pour le moment, je me
bornerai à déclarer que je voudrais bien être aussi
certain de son efficacité que je le suis de son inno-
cuité.

Les mutuellistes sont des hommes convaincus,
mais s'exagérant la vertu de leur théorie. En tout
cas, ce sont des hommes honnêtes, d'une moralité
incontestable, poussant à l'extrême le culte de la justice, si toutefois ce culte peut jamais être appelé ex-
cessif. Ce sont les *quakers* du socialisme et de l'économie politique. Notre société, passablement dé-
moralisée et gangrenée, ne peut que gagner à frayer
avec eux.

Du reste, il ne se passera pas six mois avant que
les mutuellistes ne soient qualifiés par leurs frères et
amis d'endormeurs et de bourgeois.

En dernière analyse, la véritable armée socialiste se
trouvera réduite à environ 150 mille hommes répan-
dus sur la France entière, mais pour la plupart ag-
glomérés dans nos grands centres manufacturiers et
industriels. Avec ceux-là, il n'y a pas à raisonner; ce
sont les têtes carrées du socialisme. En général, ils
sont communistes à un degré quelconque.

Voilà les soldats; notre revue serait incomplète, si
nous ne faisions pas défiler devant nos lecteurs l'é-
tat-major de cette milice. Cet état-major se recrute
un peu partout; il se compose surtout des *fruits secs*

de toutes nos carrières libérales. Je n'ai pas besoin de vous les faire connaître, ils se montrent assez; le jour n'est pas éloigné où nous verrons ces déclassés de l'atelier, du barreau, de la presse, ou de la science, inscrire sur leur chapeau : « C'est moi qui suis Guillot, le socialiste. Qu'on se le dise. »

Vous en compterez tout au plus, une dizaine par département, et peut-être deux mille pour Paris : total, trois mille environ. Et c'est tout.

En présence de ces chiffres, que l'on ne pourra guère contester, l'erreur de 1848, qui consistait à créer un antagonisme violent entre la classe moyenne et le prolétariat, cesse d'être une simple erreur, pour devenir une folie.

Il nous reste à examiner ce que nous avons appelé la troisième erreur de 1848.

⁂

Les derniers 153,000 socialistes que nous avons énumérés, unis probablement avec quelques paysans, socialistes douteux, mais très-ignorants, sont les seuls qui n'aient pas encore renoncé à voir réformer la société par quelques barricades, un roulement de tambour et un décret à la Robespierre.

Les mutuellistes proudhoniens, hommes d'étude et de réflexion, profondément imbus du sentiment de justice et de respect pour l'opinion de leurs concitoyens, n'ont pour ainsi dire jamais été partisans de ces moyens violents, et en tout cas, y ont depuis longtemps formellement renoncé; le manifeste des *soixante* en témoigne hautement.

Nous n'y insisterons pas; d'une part, nous prêcherions des convertis, comme les mutuellistes et tous les socialistes intelligents : d'autre part, nous ne rencontrerions qu'une minorité imperceptible, mais que rien ne convaincra, parce qu'elle n'écoute rien et ne peut rien comprendre.

Nous nous bornerons à établir un parallèle.

Dans l'agriculture, sur une population de 5,257,073 agriculteurs de tout ordre, nous trouvons seulement 57,639 propriétaires oisifs et 869,254 journaliers salariés. L'oisiveté du riche n'y est donc plus représentée que par 1 pour 100 et le servage du salariat n'y figure plus que pour 16 pour 100.

Cette proportion de un propriétaire oisif et de 16 salariés sur 100 agriculteurs me parait encore excessive, et je sais un moyen de la diminuer considérablement en très-peu d'années. Comme je ne vise pas à devenir ministre, je n'ai pas, à la différence de M. de Saint-Paul, le moindre motif de vous en faire un mystère.

Supprimez la conscription, ou du moins diminuez le plus possibles les terribles effets des armées de 12 cent mille hommes, et, je vous le dis en vérité, vous aurez réduit le salariat agricole et le nombre des grands propriétaires oisifs de plus de moitié. Laissez les enfants à leur mère, comme dit la romance, laissez l'agriculteur à la terre; ne prenez plus nos cultivateurs pendant leurs plus belles années, pendant les années où leur travail aurait été opiniâtre et fructueux, où ils auraient pu faire quelques économies ; ne les envoyez plus se rouiller et se crétiniser dans nos casernes puantes, à faire tête droite et tête gauche; ne les condamnez plus à brosser pendant sept ans le pantalon du sous-lieutenant, à mourir d'ennui à la porte de la chambre garnie du colonel; ne les poussez plus à venir prendre dans nos villes infectes l'habitude de la guinguette et du lupanar, et vous aurez alors une jeune génération agricole valide, vaillante et riche, qui à 25 ans commencera à acheter son premier lopin de terre.

Cette suppression de la conscription, messieurs les socialistes, il est bon que vous le sachiez, dépend en grande partie de vous. Notre armée est à deux fins; elle sert à l'extérieur, mais elle sert aussi à l'intérieur; ce dernier cas s'est malheureusement trop vu. Le jour où vous aurez disparu de la rue, où vous aurez renoncé définitivement à faire le bonheur de vos semblables par l'émeute et malgré eux, ce jour-là, soyez sans crainte, la classe moyenne, que vous appelez la bourgeoisie et que j'appelle, moi, la grande masse, n'hésitera plus à réduire l'armée et à renoncer à la conscription, car elle aime fort les économies et fort peu les dépenses inutiles.

Prenons, au contraire, les chiffres donnés plus haut et relatifs à l'industrie.

Nous avons :

Grande et moyenne industrie. .	289,059
Petite industrie.	1,539,682
Salariat.	1,445,296
Total.	3,274,037

La grande et moyenne industrie, que vous appe-

lez le monopole, mais que vous n'appellerez pas
l'oisiveté, car elle est la lutte et le travail intellectuel
poussé jusqu'à son paroxysme, le travail forcé, le
travail à mort, sous le coup de fouet de la concur-
rence et la menace incessante de la faillite, cette
grande et moyenne industrie représente environ
9 p. 100.

Mais le servage du salariat, j'en conviens, avec
ses incertitudes, ses chômages et ses misères, représentera, savez-vous combien ? Non pas 16 p. 100,
comme dans l'agriculture, mais 44 p. 100.

Allons, allons, les vrais socialistes, les socialistes
pratiques, ne sont pas dans nos villes, dans nos usi-
nes, dans nos clubs ; ils sont dans nos campagnes.
Le vrai socialiste, le voilà ; c'est le paysan ; allez lui
demander des leçons et tâchez de l'imiter.

Son affranchissement ne date que de 89, mais il
n'a pas perdu son temps. Il n'avait, à cette époque,
ni corporations, ni jurandes, ni maîtrises, ni com-
pagnonnage, ni association, ni rien de ce genre ; et,
par la force du travail individuel, le voilà devenu, à
peu de chose près, maître absolu du sol. Il est vrai
qu'il n'a jamais prononcé de discours, ni fait
d'émeute, ni envahi l'Assemblée à la suite du ridi-
cule pompier du 15 mai.

C'est cependant dans cette voie du verbiage et de
l'émeute, que quelques grands patriotes ne seraient
pas fâchés de lancer de nouveau la classe industrielle salariée. Serait-ce trop que de leur demander
à quel résultat ils espèrent la conduire ?

Dans un livre récent, M. Vermorel, passant en revue ceux qui l'ont réchauffé dans leur sein, s'exprime ainsi :

« Les hommes du gouvernement provisoire ne savaient rien du problème social posé le 24 février, et ils ne voulurent ni le comprendre, ni l'apprendre. Ils pensaient en être quittes avec quelques flatteries pompeuses à l'adresse du peuple, en célébrant sa magnanimité, en proclamant avec lui le droit au travail. Ils pensait le payer de mots, comme ils s'en étaient toujours payés eux-mêmes. »

« Le peuple s'était fié à eux, et, pour leur laisser tout le loisir de résoudre le problème, les travailleurs qui manquaient du nécessaire, avaient mis, sans marchander, trois mois de misère au service de la République. Comment les avaient-ils employés ? Qu'avaient-ils fait ? Qu'avaient-ils du moins essayé de faire ? »

En entendant exhumer ces vieilles rengaines, les bras vous tombent.

Les hommes du gouvernement provisoire ne savaient rien du problème social, c'est possible ; mais qu'en sait M. Vermorel ? Et, s'il en sait quelque chose, il tarde bien à le dire. M. Vermorel a eu un journal à lui, il écrit des livres, et le problème n'est pas encore dévoilé ? Du moins, le peu que nous en savons, ce n'est pas lui qui nous l'a appris.

Voudrait-il *payer le peuple de mots,* comme il m'a tout l'air de s'en payer lui-même ?

Que parle-t-il des trois mois de loisir accordés aux hommes de 48 ? Il vient d'avoir, lui, quatre mois de loisir à Sainte-Pélagie, et nous attendons

encore son évangile, sa solution du problème social.
C'était bien le moment de mettre bas.

Il est inutile, et il est d'un goût douteux, lorsque
l'on n'aspire qu'à succéder aux gens et à les imiter,
de commencer par les couvrir de boue ; pour nous,
qui ne voulons ni succéder à **M.** Louis Blanc, ni
l'imiter dans ses erreurs, nous le blâmons pour ses
fautes, mais nous rendons justice à sa loyale inten-
tion, nous l'excusons et nous l'absolvons. Voilà la
différence.

***

Résumons-nous.

L'effectif de l'armée socialiste se composera donc
comme suit :

AGRICULTURE : socialistes, douteux, mais très-
ignorants. 50.000

PETITE INDUSTRIE : socialistes équi-
voques 50.000

SALARIAT INDUSTRIEL : socialistes déterminés, communistes et autres. . . . 150.000

ÉTAT-MAJOR : bavards et ambitieux
de tout grade. 3.000

Total. . . 203.000

A ce chiffre mesquin et probablement encore
exagéré (1), nous avons à opposer les gros bataillons

____

(1) En 1848, le socialisme était moins connu qu'à présent ; il
se recrutait de toutes les espérances, de toutes les illusions
aujourd'hui évanouies ; de plus, les républicains avancés se

de l'armée de l'ordre, du progrès pacifique et de la liberté, environ DIX MILLIONS D'ÉLECTEURS.

Dans ces 10 millions, la grande propriété et la haute bourgeoisie figureront pour 2 ou 300 mille individus ; tout le reste appartient à la petite bourgeoisie, à la petite propriété, au travail, à la *masse*, quoi qu'en dise le journal *le Peuple*.

Et maintenant, comprend-on les votes successifs et persistants de la France depuis 1848 ? Commence-t-on à prévoir les votes futurs ?

Comprend-on pourquoi ces 10 millions de Français n'ont pas voulu se laisser mener à la baguette par quelques mille barricadeurs parisiens sans ouvrage ?

Pourquoi ces 10 millions de bourgeois n'ont pas voulu se laisser juguler par quelques mille prétendus réformateurs dénués du plus simple bon sens ?

Pourquoi ces 10 millions de travailleurs, propriétaires actuels ou futurs, n'ont pas consenti à se laisser exécuter par les quelques mille têtes carrées du communisme ?

Pourquoi ils ont préféré le despotisme du sabre au despotisme de la rue ?

Ce que l'on comprendrait moins, ce serait que cette France, travailleuse et progressiste, conservatrice et libérale, assez forte pour ne craindre per-

---

croyaient obligés de lui faire cortége ; ils ne comprenaient pas, mais ils applaudissaient de confiance et de crainte de paraître ne pas comprendre. Aujourd'hui le prestige n'existe plus, et le socialisme de la rue ne se compose plus que de quelques retar-ataires entêtés.

sonne, se laissât de nouveau tenir en échec par une turbulente et imperceptible minorité ; que, pour fuir un danger imaginaire, elle consentît encore à chercher un refuge sous l'égide d'un despotisme qui l'a sauvée, dit-on, mais en tout cas qui lui fait payer cher son salut, et, de plus, prétend la sauver trop longtemps.

Il y a mieux à faire : la grande tradition interrompue, non pas de 93, mais de 89, nous réclame.

Cessons de lâcher constamment la proie pour l'ombre ; n'imitons pas le taureau furieux qui abandonne son ennemi pour courir après le lambeau rouge qu'on agite devant lui.

La vraie rivalité n'est pas celle que l'on a pris plaisir à creuser entre la classe ouvrière et la classe bourgeoise, plus justement dite la classe moyenne ; j'espère bien un jour revenir sur cette question et la traiter au nom de la science économique et sociale. Ce jour-là aussi, je tâcherai de montrer de quel côté nous devons désormais diriger nos efforts communs, de quel côté le danger nous menace.

Si l'on tient absolument à faire une distinction, une division dans le pays, nous n'en voyons qu'une de possible : d'une part, la caste gouvernante ; d'autre part la masse gouvernée. Là, en effet, nous voyons la *masse* dont nous parlait le journal *le Peuple*, et nous voyons aussi la caste *omnipotente* ; — celle-ci, la masse, appartenant à celle-là, et celle-là vivant de toutes les fautes, de tous les malheurs, de toutes les aberrations de celle sur le dos de qui elle est montée et d'où elle ne veut plus descendre.

Mais pour mettre un terme à cette scission, à cette hostilité, à cette dépendance, la Liberté, calme et forte, nous suffit, et cette Liberté, nous l'aurons, dès que, rassurés sur tout autre péril, nous voudrons bien l'avoir.

*
* *

CONCLUSION PRATIQUE.

De ce qui précède, il doit résulter pour nous un double sentiment de sécurité et d'apaisement. N'ayant rien à redouter de personne, nous pouvons et nous devons accepter loyalement la main qui nous est loyalement tendue ; la repousser, serait plus qu'une faute, ce serait une lâcheté.

« Sans nous, disent les socialistes intelligents, la bourgeoisie ne peut rien asseoir de solide. » C'est la vérité. Tant que la dissension intestine subsistera, la bourgeoisie, en voulant fonder l'ordre, ne pourra fonder que le despotisme, et le despotisme n'est jamais solide en France.

« Sans le concours de la bourgeoisie, ajoutent-ils, notre émancipation peut être retardée longtemps encore. C'est encore vrai. Le patron et l'ouvrier sont deux forçats du travail ; ils tiennent chacun un bout de la lourde chaîne ; que gagnent-ils à tirer chacun de leur côté le lien fatal qui les unit et les divise tout à la fois ? Ne s'aperçoivent-ils pas que chaque secousse les meurtrit davantage et fait entrer les durs anneaux un peu plus avant dans les chairs?

Unissons-nous donc pour porter en commun le fardeau qui nous incombe; « Unissons-nous, disent-ils, pour le triomphe de la vraie démocratie. »

« Qu'on ne nous accuse point de rêver lois agraires, égalité chimérique qui mettrait chacun sur le lit de Procuste : partage, maximum, impôt forcé, etc. Non, il est temps d'en finir avec ces calomnies propagées par nos ennemis *et adoptées par les ignorants.* — La LIBERTÉ, *le crédit, la solidarité,* voilà nos rêves. »

Ces rêves, nous les acceptons; bien mieux, nous les partageons. Si parmi eux se trouve encore quelque chimère, si parmi ces grains dorés se trouvent encore quelques-uns de ces grains trompeurs, brillants au dehors, mais vides dedans, fions-nous à la Liberté, cet admirable vanneur; le triage sera bientôt fait.

L'alliance, qui nous est offerte, est donc possible; elle nous est commandée; elle est notre devoir; elle s'impose à nous.

Je divise pour régner, nous disait la politique machiavélique des rois; pour régner à notre tour, unissons-nous, c'est la maxime nouvelle et la politique des peuples.

Cette alliance, possible et juste, sera profitable pour tous.

Aux efforts louables et pacifiques du prolétariat, nous pouvons offrir le concours des 10 millions de votes et de volontés de la France qui possède ou espère bientôt posséder ; à leur tour, ces prolétaires affamés de *propriété* et de liberté, nous apporteront quelque chose de mieux que 3 ou 400 mille voix, qui ne nous sont pas nécessaires ; ils nous apporteront la tranquillité et la paix, dont nous avons tant besoin, que nous n'avons jamais eues, et par qui tout deviendra possible, sinon facile.

Ces aspirations, il ne s'agit plus que de les faire passer de la théorie dans le domaine de la pratique et du fait. La population parisienne, si intelligente et si libérale, lorsqu'elle le veut, aura ici une occasion de reprendre son rôle initiateur et de se faire pardonner bien des fautes.

*
* *

En attendant que le mécanisme de notre suffrage universel ait reçu ses derniers perfectionnements (1), notre intelligence politique doit s'appliquer à corriger ce que ses rouages rudimentaires et grossiers ont encore de brutal et d'inexorable.

Le socialisme, chez nous, est une très-faible minorité, je le veux bien ; est-ce une raison pour ne pas lui faire sa place, pour le broyer comme la meule broie un grain de sable? Nous ne le pensons pas.

Les électeurs parisiens, en vertu du système ac-

______

(1) Voir plus loin la pétition que l'auteur de ces pages vient d'adresser au Sénat ; on y trouvera un exemple de ce qui serait possible dans ce sens.

tuel de votation, envoient à la Chambre neuf députés, neuf membres de l'opposition radicale, républicaine ou autre. Quel dommage y aurait-il à ce qu'il n'en envoyassent que sept ? La République, si elle doit venir, n'en serait pas retardée d'un jour, croyez-le bien.

Que les deux circonscriptions électorales les plus populaires soient exclusivement réservées à deux candidats ouvriers, choisis librement par les ouvriers; et que les bourgeois, puisqu'on tient à ce nom, votent hardiment, courageusement, loyalement pour ces candidats populaires.

Que ce vote ne soit, ni une contrainte, ni une aumône, mais un acte de conviction, de bonne fraternité; ce sera aussi un acte de bonne politique. Les ouvriers nous paieront largement, de mille façons et un peu partout, ce que nous ne pouvons leur offrir qu'à Paris.

Avant toute chose, que le choix qu'ils feront soit libre; s'ils veulent choisir les citoyens Ducasse et Peyrouton, ils en ont le droit, et nous voterons pour eux. Est-ce entendu? Journaux, petits et grands, à trois sous, à un sou, à rien du tout dans quelques mois, le voulez-vous ? répondez.

S'il y a deux écoles, l'école mutuelliste et l'école communiste, que les ouvriers s'efforcent de donner à chacune d'elles sa représentation; cela n'en vaudra que mieux.

Si ces canditats ne sont pas orateurs, ils liront leurs discours à la tribune et nous les lirons après eux. Si ce qu'ils proposeront est possible, ce sera bientôt converti en loi; si c'est déraisonnable, je leur promets un immense éclat de rire, poussé par 37 millions de Français et par leurs électeurs tous les premiers.

Quel qu'en soit le résultat, cette tentative et cette expérience feront plus pour la concorde nationale et le progrès social que vingt ans d'état de siége ou de vociférations dans les clubs. Seules, elles peuvent amener entre la classe moyenne et la classe prolétaire cette union, cette identification, cette fusion, qui ont été la gloire traditionnelle et vraie de la France révolutionnaire de 89, et qui seront la force, comme elles sont la destinée, de la France libérale et pacifique de l'avenir.

Une fois unis et poursuivant en commun le même but, l'horizon s'ouvrira devant nous; l'idée politique qui doit nous sauver s'illuminera; les hommes pour la formuler et la conquérir jailliront du sol. Et, qui sait? peut-être trouverons-nous encore une Bastille à prendre.

Mais, silence; pour le moment, il s'agit avant tout de n'en pas construire une nouvelle contre nous et de nos propres mains; — souvenons-nous que l'année 1869 ne se représentera pas de longtemps, nous apportant son rameau d'olivier.

* *

LA PÉTITION AU SÉNAT.

Il est toujours prudent de ne pas reposer sur la même branche tout le poids de son corps, ni tout le poids de ses espérances.

Le conseil que nous venons de donner aux électeurs parisiens est excellent; il nous offre le moyen de calmer les impatiences les plus vives, d'ouvrir une soupape de sûreté aux irritations jusqu'à ce jour le plus violemment comprimées. Ce conseil mériterait d'être suivi. Sera-t-il écouté? Voilà la question. Les ambitions personnelles, profitant de l'anarchie des idées, ne viendront-elles pas, au jour du scrutin, rendre impossible l'exécution du plan que nous avons développé? Parmi les neuf députés parisiens actuels, trouverons-nous deux hommes assez intelligents et assez désintéressés pour comprendre quel service ils peuvent rendre à la cause du progrès, en effaçant leur candidature personnelle devant une double candidature ouvrière? Si ces deux hommes ne se rencontrent pas, le corps électoral aura-t-il assez d'énergie, assez d'ensemble, assez d'intelligence, pour accomplir l'œuvre de réconciliation? Le doute est permis.

En présence de ce doute, nous avons dû aviser à un autre moyen, recourir à un autre expédient. Nous avons adressé au Sénat la pétition suivante que nous allons reproduire en son entier. Il serait curieux que le Sénat se montrât plus libéral et plus tolérant que le corps électoral et les candidats parisiens.

Empressons-nous d'ajouter que nous préférerions de beaucoup la solution par le Sénat à l'autre solution. Celle-ci n'est qu'un tour de force pour éluder la loi des majorités fractionnées et locales qui nous écrase, tour de force sur la réussite duquel on ne devra compter que rarement ; celle-là, au contraire, serait l'application large et constante d'un principe vrai. L'une serait un acte d'habileté accidentel, l'autre serait un acte de sagesse permanent.

Ce que la première solution ne rend possible que pour une seule minorité, la minorité ouvrière et socialiste, l'autre solution le rend possible pour toutes les minorités assez considérables pour être prises en considération. Ainsi, les légitimistes et les catholiques ultramontains, qui ne peuvent avoir des députés qu'au prix des alliances les plus répulsives pour eux, devraient accueillir avec enthousiasme la perspective que leur ouvre notre projet, à moins qu'ils n'aient peur de se compter. Par ce système, M. Veuillot pourrait arriver au Parlement, s'il a réellement derrière lui un nombre suffisant de sectateurs, je n'ai pas dit de sectaires.

Mais l'avantage le plus grand de ce projet serait d'ouvrir une nouvelle voie à notre politique : il remplacerait les partis par les spécialités des intérêts ; au lieu de nommer des républicains, des légitimistes, des orléanistes, nous nommerions au Grand Collége un mécanicien, un employé, un instituteur, selon que nous serions mécanicien, employé ou instituteur; et ceux-là au moins connaîtraient nos besoins et nos aspirations.

Enfin, il n'est pas jusqu'au nouveau droit sur les réunions publiques qui ne trouvât dans notre projet le modérateur et le régulateur dont il a besoin : bien peu de gens iraient s'étouffer à la Redoute ou au Vieux-Chêne pour y entendre les rapsodies qui s'y débitent, lorsqu'il serait devenu possible de lire, dans le *Journal officiel*, sur les mêmes sujets, une discussion sensée, qui nous apprendrait peut-être quelque chose. Les citoyens Ducasse et Peyrouton y perdraient énormément.

Du reste, la lecture de notre pétition vaudra mieux que tous les commentaires.

*
* *

MESSIEURS LES SÉNATEURS,

La constitution de 1852, en se déclarant perfectible, en remettant à votre haute initiative le soin de reconnaître et d'adopter les progrès praticables, en conférant enfin à chaque citoyen le droit de vous signaler les améliorations devenues peut-être nécessaires, a fait acte de sagesse et de prudence. Pour ma part, je considère non-seulement comme un droit, mais comme un devoir, la démarche que je viens accomplir auprès de vous.

Le mode actuel de votation adopté pour les élections des députés au Corps législatif, s'il a ses avantages, s'il a pour lui la force de l'habitude et de la tradition, présente aussi des inconvénients incontestables. La plupart de ces inconvénients ont été, dans ces derniers temps, très-clairement mis en lumière par M. Émile de Girardin. Je ne ferai que les rappeler.

1º Ce système ne donne pas une représentation exacte de l'opinion; il ne donne aux minorités aucun moyen de défense, aucun moyen de s'expliquer, de se faire connaître, de se faire juger.

Ainsi, je suppose 1 million d'électeurs divisés en 10 colléges de 100,000 électeurs chacun. Dans chacun de ces colléges le scrutin donne 60,000 votes blancs, et 40,000 votes noirs; total : 600,000 votes blancs, et 400,000 votes noirs. Les 600,000 électeurs à bulletin blanc seront représentés à la Chambre; ils parleront, ils voteront, ils légiféreront par la bouche de leurs députés. Les 400,000 électeurs à bulletin noir ne seront pas représentés; non-seulement ils ne concourront pas par des mandataires au vote de la loi, mais ils n'auront pas même une voix à leur service pour faire connaître leurs désirs, pour exprimer leurs doléances. On les attaquera, ils n'auront pas la possibilité de se justifier. Est-ce là de la justice? Est-ce là de l'égalité? Ce système des majorités fractionnées et locales, écrasant même les minorités les plus considérables et les mieux intentionnées, agit comme le rouleau compresseur de nos grandes routes qui broie et applatit tous les cailloux sur son passage.

Il est aisé de comprendre quelles irritations il doit laisser après lui.

2° M. de Girardin va plus loin et il prouve que la majorité *apparente* peut même n'être parfois que la minorité *réelle*.

« Preuve :

1er collége	48,000 votes blancs,	52,000 votes noirs
2e —	35,000 —	—	65,000 —	—
3e —	35,000 —	—	65,000 —	—
4e —	47,000 —	—	53,000 —	—
5e —	49,000 —	—	51,000 —	—
6e —	46,000 —	—	54,000 —	—
	260,000		340,000	

« Les votes noirs ayant partout la majorité dans les six premiers colléges, quoiqu'il arrive dans les quatre autres colléges, la majorité des élus leur est assurée. »

« Contre-épreuve :

7e collége	69,000 votes blancs,	31,000 votes noirs
8e —	92,000 —	—	8,000 —	—
9e —	84,000 —	—	16,000 —	—
10e —	95,000 —	—	5,000 —	—
	340,000		60,000	

« Ainsi donc, poursuit M. de Girardin :

600,000 voix n'ont pü élire que quatre députés blancs ;
400,000 voix ont suffi pour élire six députés noirs. »

« Et, après l'élection, les six députés noirs seront censés représenter la *majorité* d'un peuple composé de 600,000 blancs et de 400,000 noirs ! »

3º Enfin ce système conduit les électeurs à des coalitions forcées, à des alliances contre nature, où l'intérêt du pays disparaît devant la nécessité du succès, où la vérité et la moralité de l'élection s'effacent devant la tactique et les passions des partis ; en un mot, où la conscience publique s'oblitère et se perd.

Malgré tous ces reproches fondés, je ne viens pas demander que ce système soit, pour le moment, abandonné.

Le système de l'unité de collége qu'on lui a opposé a aussi ses inconvénients.

Sans doute, il nous fera connaître exactement le niveau de l'opinion en France ; sans doute, il permettra à chaque électeur de voter selon sa conscience et ses préférences ; mais, en dernière analyse, et *au point de vue législatif*, il me paraît devoir forcément remplacer le gouvernement de la majorité par le gouvernement des minorités ; ce qui, jusqu'à un certain point, n'était que l'exception, deviendrait la règle : le remède serait pire que le mal.

Ainsi, je suppose 300 députés élus d'après le système de l'unité de collége. Les 50 premiers auront été élus par 100,000 votants chacun, total : 5 millions de voix ; les 250 autres députés auront été élus, en moyenne, par 10,000 votants chacun, total : 2 millions et demi.

Lorsqu'il s'agira de voter une loi, ces 250 députés, ne représentant que *le tiers* du pays, feront la majorité et imposeront leur volonté aux 50 premiers députés, représentant, eux, les *deux tiers* du pays.

Le seul remède à cet état de choses serait que

chaque député figurât, dans le vote définitif de la loi, pour un nombre de voix proportionnel au nombre d'électeurs qu'il représente. Mais ce palliatif compliqué créerait dans le Corps législatif des distinctions embarrassantes et peu désirables.

Enfin ce système, — parviendrait-il à être corrigé de toutes ses imperfections, — aurait encore contre lui sa nouveauté et les craintes qu'inspire tout ce qui est inconnu.

Je ne viens donc pas proposer de le substituer au système actuellement en vigueur.

Ce que demandent les minorités, ce qu'elles ont le droit de demander et ce que nous n'avons pas le droit de leur refuser, ce n'est pas le privilége de faire la loi et de nous soumettre à leurs caprices; mais c'est la faculté de se faire entendre, de se faire connaître, de se faire juger, et je pense qu'il y a un grand avantage à le leur accorder.

Ces minorités, en nous mettant au courant des souffrances et des besoins particuliers de chaque classe de citoyens, nous dévoileront ce que rien dans l'état actuel ne peut nous révéler.

De plus, ces minorités, se voyant représentées dans une mesure quelconque, n'auront plus de sujet légitime de plainte; elles ne feront pas la loi à elles seules, il est vrai, car elles n'auront que voix consultative; mais elles s'apercevront bientôt que la loi se fait plus par la force de la vérité que par la force du nombre.

Enfin, nous aurons un moyen précis de mesurer les forces exactes des opinions divergentes; il n'y aura plus place pour les sophismes de ces minorités irritées qui ont chacune la prétention exclusive de représenter la France.

C'est dans ce but, Messieurs les Sénateurs, que j'ai l'honneur de vous soumettre un projet de sénatus-consulte, qui, à mon sens, compléterait la constitution de 1852 plutôt qu'il ne la modifierait.

Pour plus de brièveté et de clarté, je vais le formuler article par article.

ARTICLE 1er. Il n'est rien changé au mode de votation actuel pour les élections des députés au Corps législatif.

ART. 2. Il est créé un corps nouveau qui prendra le nom de *conseil du grand collége*, et dont les membres prendront le nom de *députés du grand collége*.

Sont électeurs et éligibles au grand collége tous les électeurs inscrits sur les listes électorales pour le Corps législatif.

ART. 3. Tous les trois ans, il sera procédé à l'élection des députés du grand collége. LA PREMIÈRE ÉLECTION AURA LIEU DANS LE MOIS QUI SUIVRA LES ÉLECTIONS GÉNÉRALES DE 1869.

A cet effet, tous les électeurs seront appelés à voter pour le grand collége dans leur circonscription ordinaire et sur la présentation de leur carte électorale.

L'électeur dépose un bulletin dans l'urne. Ce bulletin de papier blanc ne doit porter qu'un nom écrit ou imprimé. Dans le cas où un bulletin porterait plusieurs noms, le premier nom inscrit serait seul lu par le président et compté par les scrutateurs.

Le scrutin est ouvert un seul jour de six heures du matin à quatre heures du soir ; il est formé dans chaque circonscription autant de bureaux que l'exige l'accomplissement de la prescription qui précède.

Le tableau de dépouillement des votes, devant servir à l'opération du recensement successif et général, est transmis le lendemain à une commission du Corps législatif nommée à cet effet.

ART. 4. Sont proclamés membres du *conseil du grand collége* les 20 éligibles ayant réuni le plus grand nombre de voix, et tous ceux qui auraient réuni plus de 50,000 voix.

ART. 5. Les membres du *conseil du grand collége* assistent à toutes les séances du Corps législatif, prennent part à toutes les discussions, mais ils ne prennent pas part au vote jusqu'à nouvel ordre.

Ils ne font partie d'aucune commission ; mais, une fois le rapport d'une commission déposé, ils peuvent prendre communication de toutes les pièces dont a disposé la commission.

ART. 6. Un membre du *conseil du grand collége* qui n'aurait pas encore pris la parole dans une discussion, aura toujours le droit de la prendre, même après le vote de la clôture ; mais, dans ce cas, il ne pourra la conserver plus d'une demi-heure, sauf l'assentiment de la Chambre.

ART. 7. Les membres du *conseil du grand collége*

n'ont aucun serment à prêter soit avant, soit après leur élection.

Art. 8. Tout député au Corps législatif peut en même temps être membre du conseil du grand collége; dans ce cas, il a droit de voter, en sa qualité de député au Corps législatif.

Art. 9. Les membres du conseil du grand collège, ayant à se faire assister dans leurs études et dans leurs recherches par de nombreux auxiliaires, il leur est alloué un traitement égal au traitement actuel des Conseillers d'État. En cas de double mandat, l'indemnité accordée aux députés du Corps législatif ne se cumulera pas avec le dernier traitement.

Art. 10. Pendant toute la durée de leur mandat, les membres du *conseil du grand collége* ne pourront accepter aucune fonction nouvelle, salariée ou honorifique; ils pourront continuer d'occuper les fonctions dont ils étaient investis au moment de leur élection.

Toutefois, ils pourront être nommés ministres, le jour où la responsabilité ministérielle parlementaire sera rétablie.

Je n'ai pas à insister sur les motifs de chacune de ces dispositions; ils seront aisément aperçus.

En somme, ce projet se borne à accorder aux minorités politiques ce que la loi française ne refuse même pas aux plus grands criminels, LE DROIT DE LA PLEINE ET DE LA LIBRE DÉFENSE.

Persuadé que le gouvernement qui appliquera ce système aura définitivement fondé la pacification intérieure du pays, je fais appel aux sentiments patriotiques et à la plus prompte initiative de notre premier corps de l'État.

Je suis, Messieurs les Sénateurs, avec le plus profond respect,

Votre très-humble et très-obéissant serviteur,

JUSTIN DROMEL.

Paris, le 19 février 1869.

* *

Quel sera le sort de ce double appel adréssé par nous au corps électoral de Paris et au Sénat? Un avenir prochain nous le dira. Nous avons vu tant de choses bizarres en si peu de temps que rien ne doit plus nous surprendre; *nil mirari*, ne s'étonner de rien, ni en bien, ni même en mal, malgré tout ce qui a été fait, telle doit être notre devise. M. de Maupas s'est bien trouvé tout récemment, sans le savoir, plus partisan de la responsabilité ministérielle que M. Thiers lui-même; pourquoi ne s'éveillerait-il pas un de ces jours l'apôtre du droit des minorités? Il n'y a que le premier pas qui coûte.

Quant à nous, nous demeurons fermement convaincu que nous n'aurons la liberté, la liberté vraie et féconde, que lorsque nous aurons remplacé la guerre civile par la libre et loyale discussion. Ces haines intestines, ces appellations sinistres de *bourgeois* et de *socialistes* ont pris naissance dans la nuit des sociétés secrètes et au pied des barricades; c'est au grand jour et au pied de la tribune parlementaire qu'elles doivent venir expirer.

Et maintenant, si, de part ou d'autre, l'on ne sait ou l'on ne veut pas se prêter à la conciliation par nous conseillée, notre route est tracée. 200,000 socialistes contre 9 ou 10 millions de bourgeois libéraux, progressistes et conservateurs, voilà le total. En face de ces chiffres, tout retard, toute crainte, tout recours à une oppression quelconque, seraient sans excuses. La classe moyenne, la *masse* bourgeoise est assez nombreuse et assez forte pour marcher la tête levée et achever seule l'œuvre interrompue de 1789.

Pas de guerre! — Brochure in-8.................. 1 »

Europe (l') sauvée et la Fédération, par M. Strada. 1 volume in-18, 2e édition...................... 3 »

Solution rationnelle du conflit européen, Examen critique des systèmes régnants de politique internationale. Brochure in-8........................... 1 »

Trois âges (les) de la société européenne, Invocation à la France, par M. Bertram. Brochure in-8. 1 »

Crise autrichienne (la), le royaume de Bohême et la Fédération, par un ancien membre du Reichsrath. — Brochure in-8, — » 50 c.; par la poste.............. » 60

Portugal (le) et ses réformes économiques, par M. Arnold Henryot. — Brochure in-8.............. 1 »

Espagne (l') en République. Brochure in-8, — » 50 c.; — par la poste........................... » 60

Turquie (la) devant l'Europe, par M. Simon Paoli. Brochure in-8, — » 50 c.; par la poste.......... » 60

Syrie (la) et la question d'Orient. Brochure in-8, — « 50 c.; par la poste........................... » 60

Guide pratique de l'Électeur, par M. Georges Coulon, précédé d'une lettre de M. Jules Favre. 1 v. in-18 1 »

Souveraineté nationale (de la), par M. le comte de Gardane. 1 volume in-8...................... 2 »

Programme d'une union libérale, en vue des élections prochaines, par M. A. Gromier. Br. in-8, 2e édit.. 1 »

Lettre à des électeurs, par M. Paul Cottin. Brochure in-8, — » 50 c.; par la poste.................... » 60

Électeur (l') en face du Scrutin, par M. A. Forest. Brochure in-18............................... » 75

Candidatures (les) impériales. Brochure in-8... 1 »

Mastell électoral, par M. Pierre Lefranc, ancien représentant. Brochure in-8, — » 30 c.; par la poste.... » 40

Lettre électorale d'un maire de village à ses collègues. 2e édition. Brochure in-18. — » 25 c.; par la poste... » 30

Où nous mènent les candidats officiels, par M. Henri Merlin. Feuille in-4. — » 10 c.; par la poste..... » 15

Toutes les libertés se tiennent, par M. Jobez, ancien
représentant. — Brochure in-18, par la poste...... » 30

Les maires de villages aux prochaines élections. —
Brochure in-18, par la poste.................. » 20

Paris en décembre 1851. Étude historique sur le Coup
d'État, par M. Eugène Ténot. 1 v. in-8, 6e édit... 6 »
Le même, édition populaire. 1 volume in-18, 11e édit. 1 50

Province (la) en décembre 1851. Étude historique sur
le Coup d'État, par M. E. Ténot. 1 v. in-8, 8e édit. 6 »
Le même, édition poplaire. 1 volume in-18, 9e édition. 1 50

Les grands procès politiques :

    Strasbourg (1836), 3e édition. 1 v. in-18.. 1 50
    Boulogne (1840), 3e édition. 1 v. in-18... 1 50
    Conspiration Malet (1812). 1 v. in-18... 1 50
    Affaire du duc d'Enghien. 1 v. in-18... 1 50

Affaire de la souscription Baudin, en 1re instance;
seul compte rendu complet, recueilli par la sténographie
et *revu par les défenseurs*. 1 volume in-8, 3e édlt.. 1 50

Affaire de la Souscription Baudin, plaidoiries de
MM. Dufaure et Weiss. Brochure in-8......... 75 »

Affaire de la souscription Baudin en appel, plaidoiries de MM. J. Favre et Gambetta. Broch. in-8.. 1 50

Huit années de politique impériale (1860-1868),
par M. Henri Merlin. Brochure in-8........... 1 »

France (la) en 1868, par M. J. Michon. Br. in-8. 1 »

Censure (la) et le Régime correctionnel, par
M. Edouard Laferrière, 2e édition, précédée d'une lettre
de M. Pelletan à M. Ernest Picard. 1 vol. in-18... 2 »

**La Presse, l'Imprimerie, la Librairie, le Colpor-
tage, etc.**, par M. Hipp. Duboy, avocat à la Cour de
cassation et au Conseil d'Etat. 1 v. in-18......... 3 »

**Article (l') 75 de la Constitution de l'an VIII, sous
le régime de la Constitution de 1852,**
par M. Casimir Perier. 1 volume in-8.......... 2 »

Effets (des) de la liberté, par M. le comte de Gardane,
1 volume in-8............................... 2 50

Chemin de la liberté (le), par M. SANDON,
1 volume in-8.. 2 »

Fée Libertas (la) et sa Cour, par ACHILLE POINCELOT,
1 brochure in-8.. 1 »

Démocratie (la) et M. Renan, Réponse à la préface des
Questions contemporaines, par M. JULES LABBÉ, de l'*Opinion nationale*. Brochure in-8........................... 1 »

Pamphlets d'un franc parleur, par M. ÉDOUARD
SIEBECKER, 1 vol. in-18................................... 3 50

Manuel des assurances sur la vie. Exposé pratique de
tous les documents nécessaires pour se rendre un compte
exact des combinaisons en usage, par MIÉGEVILLE.
1 volume in-18.. 2 50

Impôt (l') et son emploi, *expliqués par demandes et par
réponses* **(Catéchisme du contribuable)**, par
ISAMBERT, 3e édit. Br. in-32.—» 40 c.; par la poste. » 50

Comptes fantastiques d'Haussmann.—Lettre adressée
à MM. les membres de la commission du Corps législatif,
chargés d'examiner le nouveau projet d'emprunt de la
Ville de Paris, par M. JULES FERRY. 2e éd. Br. in-8. 1 50

Politique du grand-livre. (*Aux* 1,100,000 *rentiers, Le
nouvel emprunt et la*), par M. ACHILLE MERCIER.
3e édition. Brochure in-8................................. 1 »

Marée (La) montante, Étude budgétaire, d'après les documents du livre bleu, par M. ACHILLE MERCIER.
4e édition. Brochure in-8. — » 50 c.; par la poste.. » 60

Crédit mobilier (le) et ses actionnaires. Br. in-8. 1 »

Où en est le Crédit foncier? Brochure in-8. » 50 c.;
par la poste... » 60

Budgets de l'État (Progression comparée des), 1853-
1866, par M. HENRI MERLIN. — 1 vol. in-4........ 7 50

Déficits (les) 1852-1868, par M. H. ALLAIN-TARGÉ.
Brochure in-8.. 1 »

**Libre Échange (la production, la consommation et
le)**, par M. RAOUL BOUDON.
Brochure in-8. — » 50 c.; par la poste............. » 60

Résultats (les) du traité de commerce de 1860. Conférence faite sous les auspices de l'Association polytechnique, par M. WOLOWSKI. Br. in-8 . . . . 1 »

Liberté du commerce. — Du développement de la bijouterie et de l'orfévrerie par la liberté des titres de l'or et de l'argent, par M. P. TIRARD. Br. in-8 . . . . 1 »

Abrogation de la loi sur la Faillite, par M. LE BLANC (de Loir-et-Cher). Brochure in-8. 1 »

Coopération (la) et la politique aux ouvriers, par M. P. MALARDIER, ancien représentant du peuple. Brochure in-8. — » 50 c.; par la poste . . . . » 60

Procès de l'Association internationale des travailleurs. Brochure in-8 . . . . 1 »

Inventeur (l'), par YVES GUYOT. 1 volume in-8 . . . . 6 »

Discours (deux) sur le travail des femmes, suivis de quelques réflexions sur le même sujet, par Mlle MAXIME BREUIL. Brochure in-8, — » 50 c.; par la poste . . . . . » 60

Travail des femmes (question du). Broch. in-8, » 25 c.; par la poste . . . . » 30

Roman (le) des ouvrières, par Mlle AMÉLIE BOSQUET, 2e édition. 1 volume in-18 . . . . 3 »

Le Calvaire des femmes, par M. L. GAGNEUR, 3e édit. populaire. 1re partie. LES PÉCHERESSES. — 2e partie, Les RÉPROUVÉES. 2 volumes in-18 . . . . 4 »

Manuel de morale et d'économie populaires, par M. GOUDOUNÈCHE. Brochure in-18 . . . . 1 »

Questions politiques et sociales, par M. Ernest ENDLÉ, avocat à la cour de Paris. 1 volume in-8 . . . . 3 »

Questions de la vie (les), par M. PIROGOFF; traduit du russe. Brochure in-8 . . . . 1 »

Question romaine (la) devant l'histoire, 1848 à 1867; actes officiels, documents, débats parlementaires; précédée de *France et Italie,* par M. EDGAR QUINET, 1 volume in-18 . . . . 3 50

Science de l'homme, par M. G.-A. FLOURENS. — 1 vol. in-18 . . . . 3 »

L'Éducation du peuple, traduit de lord Macaulay, par M. DE GARDANE. — Broch. in-18................. » 40

Discours de M. Jules Favre sur la seconde expédition romaine, prononcé le 2 décembre 1867. Brochure in-8. .... 1 »

Agonie (l') de la Papauté, par M. ODYSSE BAROT. Brochures in-8 .... 1 »

Lettre à Monseigneur de Bonnechose, archevêque de Rouen et sénateur. Thèse du docteur CHAULET. Brochure in-8 .... 1 »

Simple réponse à M. Dupanloup, par M. EUGÈNE SÉMÉRIE, suivie d'une lettre à M. le docteur Onimus. Brochure in-8, 2e édition. .... 1 »

Au feu les libres penseurs!!! par le docteur FLAVIUS. 3e édition. Brochure in-8 .... 1 »

Lettres d'un libre penseur à un curé de campagne, par M. LÉON RICHER, précédées d'une introduction par M. AD. GUÉROULT. 1 volume in-18. .... 3 »

Apologie d'un incrédule, par M. LOUIS VIARDOT. Brochure in-8. .... 1 50

La liberté de penser, fin du pouvoir spirituel, par M. VICTOR GUICHARD. 1 très-fort volume in-18, 3 fr. 50.; par la poste. .... 4 »

Positivisme (le) pour tous, par M. LOUIS ANDRÉ-NUYTZ, précédé d'une lettre par M. LITTRÉ. Brochure in-8. 1 »

Saints et sanctuaires de France, série de volumes par MM. de ROLLAND et ARMAND LANDRIN.

    LOYOLA ET LES JÉSUITES. 1er volume, — » 50 c.; par la poste. .... » 60
    NOTRE-DAME DE FOURVIÈRES. 2me volume, — » 50 c.; par la poste . ... » 60

Croisade (la) noire, par M. L. GAGNEUR, 3e édition, 1 volume in-18 .... 2 »

Paris. — Imp. Ém. Voitelain, 64, rue J.-J. Rousseau.

A la même Librairie.

———

LA LOI DES RÉVOLUTIONS

Par JUSTIN DROMEL

1 fort volume in-8º : 6 francs.

———

PARIS. — IMP. ÉM. VOITELAIN ET Cⁱᵉ, RUE J.-J. ROUSSEAU, 61.